LA LOI SE MEURT!

LES
AGR·ÉÉS

DEVANT CERTAINS

TRIBUNAUX DE COMMERCE

Monopole, — Privilèges, — Négation de la Liberté professionnelle
et du principe de l'Égalité devant la loi

PAR

Félix GRAVELLE

DÉFENSEUR PRÈS LE TRIBUNAL DE COMMERCE DE TOULOUSE

Prix : 2 francs

TOULOUSE

SE VEND CHEZ LES PRINCIPAUX LIBRAIRES

LA LOI SE MEURT !

LES
AGRÉÉS

DEVANT CERTAINS

TRIBUNAUX DE COMMERCE

Monopole, — Privilèges, — Négation de la Liberté professionnelle
et du principe de l'Egalité devant la loi

PAR

Félix GRAVELLE

DÉFENSEUR PRÈS LE TRIBUNAL DE COMMERCE DE TOULOUSE

TOULOUSE

SE VEND CHEZ LES PRINCIPAUX LIBRAIRES

1881

PRÉFACE

Messieurs les Commerçants

Il y a quelques temps, j'appris que le Conseil de l'ordre des avocats discutait une proposition tendant à concéder aux agréés de nouveaux priviléges.

Je pris la liberté d'adresser à ces Messieurs un *Mémoire* tendant à leur démontrer l'illégalité de la proposition et l'impossibilité où ils seraient de la faire exécuter.

C'est ce travail, augmenté d'une préface, de quelques notes et d'un appendice, que je publie aujourd'hui sous le titre de : *La Loi se meurt !*

S'il est parfois, Messieurs, dangereux d'aimer la vérité, il est toujours périlleux de la dire quand on vit en contact avec des gens affamés de pouvoir, de plaisir, de gloriole officielle.

Je n'ignore pas ce qu'il y a de puéril à se faire le Don Quichotte du droit ; mais enfin aimer la légalité est encore un ridicule honorable.

Il est des magistrats consulaires qui ne s'y sont jamais exposés. En échange ils ne sauraient aborder leur siège sans mettre la gravité du public à une sérieuse épreuve.

Qu'ils ne viennent pas solliciter des circonstances atténu ntes?... nous les déclarerions non recevables, car enfin, il est si facile de ne pas faire de mauvais vers; il est si facile de ne pas être un mauvais juge, un mauvais Président de Tribunal de commerce.

La tâche que j'entreprends, Messieurs, est audacieuse : — Dénoncer un privilège, stigmatiser un odieux monopole, critiquer des abus, proclamer qu'à Toulouse l'égalité devant la loi et la liberté professionnelle ont fait leur temps, sont tout autant de crimes. Ils motiveront contre moi de nouvelles représailles dont vous chercherez vainement l'origine dans un amour exagéré du droit et de la légalité.

Je me sens assez d'énergie pour planer au-dessus des orages. Il est des sympathies que je suis loin de rechercher et des hommes que je suis fier d'avoir pour ennemis. J'ai grandi de toute la considération qu'ils ont perdue, et il n'est pas démontré que je puisse encore bien grandir.

A Messieurs les Membres du Conseil de l'Ordre des Avocats près la Cour d'Appel de Toulouse.

———

J'apprends que le Conseil de l'Ordre discute une proposition aux termes de laquelle : *les avocats ne pourront plus se présenter au Tribunal de commerce que revêtus de la robe et assistés* D'UN AGRÉÉ.

Je viens, Messieurs, vous proposer de supprimer dans ce texte le mot *agréé*, ou tout au moins d'y substituer l'expression légale : *du mandataire de la partie.*

Si ce n'est mettre votre patience à une trop longue épreuve, je solliciterai de votre bienveillance l'autorisation de décliner brièvement les raisons légales et pratiques qui justifient ma demande.

Sûr de votre approbation et comptant sur votre indulgence, je vous prie, Messieurs, de recevoir, avec mes remercîments anticipés, l'assurance d'un respect sans bornes.

F. GRAVELLE.

CHAPITRE PREMIER

Considérations générales

N'ayant, Messieurs, aucune prétention littéraire, j'échappe à la tentation de vous imposer un plus long exorde.

Du droit et des arguments, tel est mon programme ; je l'aborde résolûment.

Le mot *agréé* qui figure dans le texte du projet aurait, Messieurs, le double inconvénient de rendre votre délibération illégale et de limiter abusivement, dans nos débats, l'intervention de vos honorables confrères.

Cette rédaction reconnaît en outre le monopole des *agréés* que le législateur a souvent flétri et censuré, c'est vrai, mais n'a jamais reconnu.

Le 2 mars 1791 l'Assemblée constituante a proclamé la liberté des professions Arts et Métiers, sous la simple réserve de se pourvoir d'une patente.

L'action intellectuelle est le corollaire et le prélude obligatoire du travail manuel.

Avec la liberté du travail manuel doit exister fatalement la liberté du travail intellectuel ; et en face de la libre concurrence de l'industrie et du commerce doit pouvoir s'exercer celle de l'activité de l'esprit.

Le monopole professionnel est donc une restriction de la liberté. Toute restriction de la liberté est une exception, et les exceptions étant de droit strict ne sauraient être ni suppléées ni étendues.

Si tout Français peut être cordonnier, tout Français peut s'intituler — *défenseur ou mandataire agréé* — près un Tribunal de commerce.

Cela est si vrai que, cartes de visites, têtes de lettres, actes de procédure émanant de mon étude portent tous à la suite du nom la qualification de : — *défenseur agréé.*

Or que fait le Parquet?

Rien!

Que fait le Tribunal de commerce?

Rien!

Et les agréés?... Oh! ceux-ci ne restent pas inactifs. — Ils me regardent de l'air affable d'un carlin troublé dans son repas.

En droit, la charge de prouver incombe à celui qui veut innover. *Probatio incumbit actori.*

Les *agréés* ou ceux qui veulent les transformer en officiers ministériels devraient donc au préalable justifier la légalité de l'existence de cette corporation.

La preuve affirmative est impossible. En échange, l'espèce n'étant pas indéfinie, la preuve négative est des plus simples.

Permettez donc, Messieurs, qu'usurpant un instant vos prérogatives, je plaide ici la cause de la loi et de la liberté.

En principe il n'existe pas de *défenseurs en titre* près les Tribunaux de commerce.

Le droit pour le justiciable, de choisir son mandataire est illimité. Il est inscrit en termes d'une précision et d'une netteté remarquables dans les textes suivants :

Code de procédure civile. — Art. 414. — « La procédure
» devant les tribunaux de commerce se fait sans le ministère
» d'avoué. »

Art. 421. — « Les parties seront tenues de comparaître
» en personne ou par le ministère d'un fondé de procuration
» spéciale. »

Code de commerce. — Art. 627. — « Le ministère des
» avoués est interdit dans les tribunaux de commerce, con-
» formément à l'art 414 du Code de procédure civile ; nul
» ne pourra plaider pour une partie devant ces tribunaux si
» la partie présente à l'audience ne l'autorise ou s'il n'est
» muni d'un pouvoir spécial. Ce pouvoir, qui pourra être
» donné au bas de l'original ou de la copie de l'assignation,
» sera exhibé au greffier avant l'appel de la cause et par lui
» visé sans frais. — Dans les causes portées devant les tri-
» bunaux de commerce, aucun huissier ne pourra ni assister
» comme conseil, ni représenter les parties en qualité de
» procureur fondé, à peine de..., etc. »

Ordonnance du 10 mars 1825. — Art. 1ᵉʳ. — « Lorsqu'une
» partie aura été défendue devant le tribunal de commerce
» par un tiers, il sera fait mention expresse dans la minute
» du jugement qui interviendra, soit de l'autorisation que
» ce tiers aura reçu de la partie présente, soit du pouvoir
» spécial dont il aura été muni. »

Cette autorisation a été rendue sur avis conforme du Conseil d'Etat en date de la veille, 9 mars 1825.

Ces textes sont d'une clarté désespérante pour l'arbitraire.

Il faut avoir vécu dans l'atmosphère de dédain et d'indifférence légale que l'on respire au sein de certains Tribunaux de commerce pour comprendre que, foulant aux pieds les prescriptions du législateur, ils aient établi auprès d'eux des *défenseurs en titre* sous le nom *d'agréés.*

Réglementant au delà des sages limites du Code et en dépit des articles 5 C. civ., 624 C. com (1), les Tribunaux consulaires qui ont institué des agréés ont encore réglé — leur nombre, — leur costume, — le mode de serment, — leur régime disciplinaire, — leur tarif, — la dispense de la légalisation des pouvoirs, — la vénalité de leur charge, — que sais-je encore! — A Toulouse on est allé plus loin; un tribut de servilité leur a été imposé! ils versent dans la caisse du Tribunal un franc par cause!!...

Je dirai dans une prochaine brochure à quel usage prosaïque cet argent est employé.

Interpellés sur de pareils abus, que répondent les Présidents ?

Qu'ils cherchent à s'entourer — *d'hommes ayant l'expérience des affaires et une connaissance approfondie des usages du commerce;* que la somme de vertus exigée pour *l'agrément* est telle que bien peu d'hommes parviennent à la totaliser : *Multi vocati sunt pauci electi.*

(1, C. Civ., art. 5. — Il est défendu aux juges de prononcer par voie de disposition générale et réglementaire sur les causes qui leur sont soumises.

C. Com., art. 624. — Il y aura près de chaque tribunal un greffier et des huissiers nommés par le Gouvernement : leurs droits, vacations et devoirs seront fixés par un règlement d'administration publique.

Que prouve ce raisonnement? Trois choses.

La première, que les bonnes raisons n'ont jamais manqué aux plus mauvaises choses.

La seconde, que ces messieurs ignorent la loi ou feignent de l'ignorer; ce qui revient au même; qu'ils mettent gratuitement leur esprit à la torture, n'ayant jamais été chargés par personne de : — *s'entourer d'hommes ayant l'expérience*, etc..., suit le boniment.

La troisième, que, puisqu'il n'y a que huit agréés à Toulouse, il n'y a en France que huit hommes — *ayant l'expérience des affaires*, etc..., même guitare.

C'est flatteur pour moi. Heureusement que quatre cents justiciables par an ne partagent pas cette manière de voir !

L'équité, Messieurs, m'oblige d'ajouter que j'ai souvent entendu des raisonnements diamétralement opposés.

Suivant ces contradicteurs, le Tribunal de Commerce de Toulouse n'aurait pas toujours été heureux dans le choix de ses *agréés*. Les uns auraient fini d'une manière fort problématique, d'autres sur les bancs de la police correctionnelle, d'autres plus loin. Mauvais appréciateurs, j'aime à le croire, ils ajoutent : — que l'insuffisance et l'incapacité, pour ne pas dire mieux, des *agréés* actuels est telle que le Tribunal à dû les affubler d'un costume et leur assigner une place spéciale pour les faire remarquer du public.

Que ces précautions n'ayant pas encore paru suffisantes pour leur assurer une clientèle, le Tribunal a frappé d'ostracisme les défenseurs concurrents en leur

imposant la légalisation et l'enregistrement des pouvoirs (1).

Ici se place tout naturellement pour moi l'occasion
de mettre en relief les vraies préoccupations qui ont
dominé le Tribunal dans l'adoption de cette mesure.

A l'audience du 8 février, Monsieur le Président
Ozenne me demande mes pouvoirs.

R. Pourquoi me les demandez-vous à moi et non à
mon contradicteur ?

D. Le Tribunal a pris une délibération aux termes
de laquelle les défenseurs *non agréés* doivent être por-
teurs d'un pouvoir légalisé et enregistré.

R. Je suis prêt à me soumettre, mais je vous prie
d'ordonner, qu'à mes frais, il me soit donné expédi-
tion de cette délibération.

D. Je vous dis que cette délibération a été prise.

R. Je n'en doute pas, puisque vous me le dites, mais
pour être exécutoire une loi doit être promulguée, et
pour que je puisse obtempérer à une décision faut-il
qu'elle me soit connue, et qu'à défaut, elle ait au moins
reçu une publicité relative.

D. Il ne me plaît pas de vous en donner communi-
cation.

R. Je prends acte de vos paroles, et je dois ajouter
que : « Il ne me plaît pas » est un *considérant* qui m'é-
tait inconnu.

(1) Je prête à mon interlocuteur des idées plausibles, mais dans la pratique le Tribunal est d'une partialité révoltante.

Je suis, à une ou deux exceptions près, le seul mandataire soumis à la
formalité vexatoire et illégale de la légalisation et de l'enregistrement.

Du prestige de la justice, de la dignité des audiences, de l'intérêt des justiciables, il n'en a pas été question. *Per fas et nefas*, on veut éloigner un homme de la barre, pour cela tous les moyens sont bons.

En fait d'arbitraire, comme en matière de liberté, l'on ne saurait rester stationnaire.

Sans beaucoup anticiper sur les évènements, il est facile de donner un spécimen d'une audience prochaine.

Une cause est appelée. Un défenseur — sans qualificatif, — se présente à la barre.

Le Président. — Etes-vous agréé ?

R. — Non, Monsieur le président. Je désire même ne pas l'être.

D. — Pourquoi cela ?

R. — Parce qu'en demandant au Tribunal de m'agréer, je lui demanderais une action malhonnête.

D. — Gardez vos observations.

R. — Je n'ai rien à refuser au Tribunal. Pourrais-je seulement le prier de vouloir bien utiliser le bon conseil qu'il vient de me donner.

D. — Vous perdriez votre temps. Avez-vous des pouvoirs ?

R. — Oui, Monsieur.

D. — Légalisés ?

R. — Oui, Monsieur.

D. — Enregistrés ?

R. — Oui, Monsieur.

D. — Ce n'est pas suffisant.

R. — Je m'en doutais un peu.

D. — J'aime à croire que c'est du doute méthodique et non du scepticisme. Avez-vous un certificat de vaccine ?

R. — L'art. 627, C. Com., étant muet à cet égard, j'avais cru pouvoir m'en dispenser.

D. — Fatale erreur. Il y a une délibération.

R. — Je ne la connais pas.

D. — Ce n'est pas nécessaire. Pour une fois, le Tribunal se montrera indulgent. Veuillez nous narrer vos antécédents, — *ab ovo*, — c'est-à-dire depuis l'époque où vous étiez en nourrice ?

R. — Le Tribunal ne désirerait-il pas faire remonter plus haut ses investigations ?

D. — Non, il est heureux de vous donner cette nouvelle preuve de bienveillance.

R. — Mais, Monsieur le président, c'est que je n'ai jamais eu de nourrice ?

D. — Comment cela ?

R. — J'ai été nourri au biberon.

D. — Eh bien, ce biberon devrait figurer parmi les pièces de votre dossier, car c'est là que vous avez sucé ces principes détestables qui vous ont porté à publier la *Revue Consulaire*.

R. — Mais, Monsieur.....

D. — Pas de mais, si vous êtes dans l'impossibilité de le représenter, le Tribunal ne considère pas vos pouvoirs comme suffisants.

Sur un pareil thème, il serait facile de broder bien des variations.

C'est, Messieurs, une bien triste période de la vie d'un Tribunal que celle où il prête à rire.

L'art. 627 C. Com. n'exige pas plus la légalisation que le certificat de vaccine et la présence du biberon coupable, cependant on l'impose à quelques défenseurs.

A vous, Monsieur le bâtonnier, de me répondre si, en maintenant le titre *d'agréé* dans votre résolution, vous voulez vous rendre complice et solidaire de gens qui se posent résolument en ignorants ou en contempteurs du droit.

CHAPITRE II

Historique fin dix-huitième siècle.

L'existence des agréés est intimement liée à l'historique de la justice consulaire.

Le Code actuel date de 1807, mais la juridiction commerciale existait déjà au commencement du treizième siècle à Semur et à Paris, sous la dénomination de : *Parlouet aux borgeois.*

La *Revue des deux Mondes* exhuma, il y a quelques années, plusieurs sentences, frappées au coin du droit, de l'esprit et du bon goût, rendues par un honorable mégissier qui présidait, en 1291, sous le nom de : *Prévost de la marchandise de Paris.*

Dans la rapide esquisse qui va suivre, deux traits ressortent en caractères de feu.

Deux idées fixes, deux objectifs immuables dominent au milieu des perpétuelles variations qu'a subi la forme de la procédure devant les Tribunaux consulaires ; elles servent de fondement à nos lois actuelles.

Ce sont : — la comparution personnelle des parties et *l'exclusion des défenseurs en titre.*

En 1349, Philippe de Valois, accorda aux marchands remplissant les fonctions de juges, — deux gardes et un chancelier — des lettres patentes pour — *oster les parties de long procez en plaidoiries.*

En 1462, nouvelles lettres patentes de Louis XI portant textuellement : « auquel nous donnons pou-
» voirs, authorité et commission de juger *sans long*
» *procez et figure de plaids.* »

Pas de plaidoiries, pas de défenseurs, c'est évident !
Sublata causa tollitur effectus.

En 1549, Henri II établit à Toulouse une bourse commune pour les marchands dans des termes iden-tiques.

En 1556, il créa une institution semblable à Rouen.

Mais la justice consulaire était encore à l'état em-bryonnaire. La gestation fut laborieuse.

Il appartenait à un grand homme, Michel de l'Hos-pital, d'animer de son souffle ce corps inerte et de poser les bases de la représentation devant les Tribunaux de commerce.

En 1563, sur la proposition de son ministre, Charles IX dota Paris d'une juridiction composée d'un juge et de quatre consuls élus par les marchands.

Cet édit, composé de dix-huit articles savamment élaborés, est encore considéré de nos jours comme un monument de législation.

Nous ne citerons que l'article IV.

« Et pour couper chemin à toute longueur et *ôter*
» *l'occasion de faire et plaider,* voulons et ordonnons
» que tous ajournements soient libellés et qu'ils con-
» tiennent demande certaine ; et feront *toutes les par-*
» *ties comparoir en personne* à la première assigna-
» tion pour être ouïes par leur bouche, s'ils n'ont de
» légitime excuse de maladie ou absence ; èsquels
» cas enverront, par écrit, leur réponse signée de leur
» main propre, ou audit cas de maladie, de l'un de
» leurs parents, voisins ou amis, ayant de ce charge
» et *procuration spéciale,* dont il fera apparoir à ladite
» assignation, le tout *sans aucun ministère d'avocat*
» *ou de procureur.* »

Plus de doute ni d'ambiguité. La pensée du législateur se dégage lumineuse : Comparution personnelle des
parties et, en cas d'empêchement, représentation *sans
aucun ministère d'avocat ou de procureur.*

L'on doit aussi remarquer qu'un nouveau principe
se fait jour. C'est le pouvoir spécial. *Parents, voisins
ou amis ayant de ce charge et procuration spéciale.*

La célèbre ordonnance de 1675 (titre XII), rendue
par Louis XIV, rendit la juridiction consulaire commune à tous les sièges du royaume.

La peine de mort y était prononcée contre les ban-
queroutiers frauduleux. Les règles de la compétence
y sont aussi tracées d'une main sûre.

La période qui précède la révolution est assez con-
fuse en ce qui concerne les défenseurs en titre.

L'ouvrage de M. Guibert, ancien agréé, publié à Paris en 1841, en même temps qu'il relate certaines tentatives de postulation officielle, mentionne la répression dont elles furent l'objet de la part des juges consuls.

En 1658, tandis que Turenne battait Don Juan d'Autriche, Mazarin, toujours à court d'argent, créa sept charges de procureur près la juridiction consulaire de Paris, et les vendit à un vieux juif endurci, le sieur Ichandot. Celui-ci les revendit à son tour.

Les juges consuls, s'inspirant des édits précédents et notamment de celui de 1563, refusèrent aux acquéreurs la faculté d'entrer en charge, et rendirent en leur faveur diverses sentences aux termes desquelles, par suite d'éviction, ils étaient déchargés de leurs obligations à l'égard du rapace israélite.

Et la même année, sur la réclamation des mêmes juges, le Conseil d'Etat rendit un arrêt aux termes duquel la juridiction consulaire de Paris était — *à toujours, pour le passé comme pour l'avenir,* — exonérée de l'édit de création des procureurs.

Les défenseurs en titre existaient néanmoins à Paris, puisqu'ils furent, de la part du Tribunal de cette ville, l'objet de plusieurs délibérations.

Nous n'en citerons que deux, l'une du 4 mars 1659, où il est relaté que : « Quelques particuliers, pauvres
» marchands, étaient soufferts au nombre de six pour
» soulager les justiciables de conseils et les instruire
» en ce qu'ils pourraient avoir à faire dans cette juri-
» diction. »

Une seconde, de 1747, où le Tribunal reconnaît des défenseurs en titre sous le nom *d'agréés*, expression

qui a depuis prévalu. Néanmoins on cherche vainement dans ce document la trace des privilèges scandaleux dont ils jouissent aujourd'hui devant certains Tribunaux.

Si timide que fût l'innovation, la loi était violée, la pensée du législateur méconnue, et lorsqu'en 92 le niveau égalitaire eut passé sur la France, les agréés furent, avec raison, accusés auprès du comité de législation d'être l'objet de la part du Tribunal d'une faveur qui était une tendance à ramener les privilèges et une atteinte à l'égalité républicaine.

Tout mauvais cas étant niable, d'après Machiavel, le Tribunal contesta l'existence des agréés, s'écriant avec indignation — que sa barre était ouverte à tout le monde.

Il répondit en substance : que l'accusation était sans fondement, qu'il n'existait auprès de lui aucune corporation de défenseurs, que cette profession exigeant des connaissances toutes particulières attirait naturellement à ceux qui l'exerçaient une certaine préférence que l'on devait attribuer à leur talent et non à l'arbitraire du Tribunal.

Nous ne vous dissimulerons pas, citoyen ministre, dit le Tribunal en terminant, que : « loin d'avoir la fai-
» blesse de nous prêter à aucunes manœuvres, comme
» on vous l'a fait entendre, nous sommes partisans
» zélés de *l'égalité devant la loi*, sans laquelle le bon
» ordre ne peut subsister et que nous avons soin qu'il
» ne soit fait aucun passe-droit. *Quantum mutatus !*

A suite de cette lettre, le Tribunal eut le bon goût de faire disparaître la presque totalité des privilèges

dont jouissaient les agréés. Ces derniers n'eurent d'au-
.tre avantage que de posséder un bureau dans la salle
d'audience, et encore cette faveur attira-t-elle au Tribunal une nouvelle semonce de la part du ministre.

Sur les explications qui lui furent données à ce sujet,
le ministre répondait :

« Quant à l'usage que vous avez adopté d'accorder
» des bureaux à quelques défenseurs attachés à votre
» tribunal, je n'y trouve pas d'inconvénient *si ces bu-*
» *reaux ne leur sont point exclusivement réservés et*
» *s'ils peuvent être occupés indistinctement par tout*
» *autre défenseur.* »

« Autrement ce serait un privilège véritable, attaché
» à l'ancienneté de quelques-uns d'entre eux ou à
» l'étendue de leur clientèle ; et vous sentez parfaite-
» ment ce qu'un semblable privilège aurait de contraire
» au principe d'égalité qui, dans l'ordre judiciaire ac-
» tuel, doit régner entre tous les défenseurs officieux. »

Grands dieux ! Si un abus de ce genre a eu le don
d'exciter les justes susceptibilités de ce ministre, qu'eût-
il fait s'il lui eût été donné d'assister à une audience
du Tribunal de commerce de Toulouse en l'an de grâce
1881 ?

Tel est à grands traits, brièvement esquissé, l'historique des agréés jusquà la fin du dernier siècle.

De tous temps, comme vous le voyez, Messieurs, des
individualités sans mandat, des satellites obscurs, ont
essayé de graviter dans l'orbite lumineux de la justice
consulaire et tenté de faire croire que leur concours était
indispensable pour régulariser la marche de cet astre.

Mais de tous temps aussi, même aux époques les

plus troublées, l'autorité les a rappelés au sentiment de la légalité, leur faisant durement comprendre que, loin de favoriser l'administration de la justice, leur existence en était la négation.

CHAPITRE III

Période contemporaine.

Abordons la période contemporaine. L'histoire des agréés devient l'histoire de la négation du droit, un défi lancé aux principes de 89.

Le 4 août de cette mémorable année, la révolution fit table rase des privilèges et proclama *l'égalité de tous les Français devant la loi*. Les justiciables du Tribunal de commerce de Toulouse n'en furent pas exceptés.

91 supprime les jurandes, les maîtrises, et décrète la liberté des professions, tant manuelles qu'intellectuelles, sous la simple réserve de se pourvoir d'une patente.

Les diverses assemblées qui se succédèrent, trop absorbées par leur rôle militant, ne purent exécuter la promesse faite par l'Assemblée constituante de doter la France d'un Code uniforme.

Mais, dès les premiers jours de son consulat, Bonaparte mit la main au grand ouvrage de la législation et fit commencer, sous sa présidence et la direction de

Cambacérès, au Conseil d'Etat, la discussion des diffé-- rents Codes.

Le Code civil fut définitivement promulgué en 1804. Celui de procédure civile en 1806, et le Code de commerce en 1807.

Ce dernier est une reproduction littérale des ordonnances de Louis XIV. Fort judicieux pour l'époque, il manque aujourd'hui d'originalité et de profondeur. Certaines parties présentent même des imperfections trop évidentes.

Il est incontestable que le chapitre relatif aux transports par exemple est un véritable anachronisme. Le livre des faillites a totalement été refondu en 1838 ; celui des sociétés, abrogé par la loi de 1867, etc...

Que ce Code suscite de justes critiques, — je le veux bien. Qu'il soit perfectible, — ce n'est pas douteux ; mais les Tribunaux en général et ceux de commerce en particulier n'ont pas pour mission de faire du droit contemplatif, de légiférer ou de gémir sur la rédaction des lois, mais bien de les appliquer.

Le cadre restreint de ce modeste travail ne me permet pas de reproduire *in extenso* l'intéressante discussion qui eut lieu au Conseil d'Etat lors de la rédaction des articles 414 P. c. et 627 C. com.

En synthétisant, disons néanmoins que la commission chargée de la rédaction d'un projet de Code de commerce y avait inséré une disposition qui avait pour objet — *d'instituer des avoués auprès de la juridiction commerciale.*

Il s'agissait de donner une consécration légale, de

perpétuer une institution qui, malgré la loi, s'était greffée sur les tribunaux de commerce.

Les cours et tribunaux auxquels le projet fut communiqué, à quelques divergences près, demandèrent la suppression de cet article.

La section de l'intérieur fut plus radicale, elle proposa un article ainsi conçu : *Il est interdit aux Tribunaux de commerce d'agréer, pour plaider devant eux, des hommes de loi ou des praticiens particulièrement désignés.*

Ces dispositions furent combattues par MM. Jaubert et Bégouen.

En cet état, M. Réal proposa une transaction aux termes de laquelle il suffisait de rappeler l'art. 414 P. c. « La procédure devant les tribunaux de commerce se fait sans ministère d'avoués, » et c'est à la suite de cette discussion qu'a été adoptée la rédaction actuelle de l'art. 627 du Code de commerce qui, interprétée concurremment avec les art. 414, 421 P. c. et 3 du Code civil, proscrit l'immixtion de parasites au sein des tribunaux de commerce.

Ces textes sont d'une lucidité et d'une précision incomparables.

Liberté de profession d'abord. (Loi du 2 mars 1791, art. 7.)

Devant les tribunaux de commerce, pas d'avoués, pas de défenseurs en titre, comparution personnelle des parties, ou fondé de pouvoir spécial, lequel pouvoir, n'étant assujetti *à aucune formalité particulière*, est régi par le droit commun. (Art. 1984, 1985, 1986, 1987 C. civ.)

Les tribunaux qui exigent de certains mandataires la légalisation des pouvoirs se substituent aux législateurs et abrogent l'article 627 C. com.

Le droit, Messieurs, n'est pas fait pour les agréés, *Negant jura sibi nata.* Ils ont cela de commun avec le bouillant Achille.

Cramponnés à leurs privilèges, comme des mollusques aux flancs d'un navire, ils vont de nouveau agiter leurs tentacules.

Vainement l'intention du législateur vient-elle de se dégager lumineuse d'une récente discussion. Que leur importe le droit? Que leur importe l'égalité devant la loi? Ils ont des intérêts et non des convictions! Chose pénible à dire, ils vont entraîner dans leur orbite des juges, honnêtes commerçants, dont le dévouement à la chose publique ne saurait être l'objet d'un doute. Des hommes pour qui la mélasse, le saindoux et la retraite n'ont plus de secrets, c'est possible, mais qui certainement ont quelques progrès à réaliser pour être classés au rang des grands jurisconsultes.

Dès 1809 le tribunal de la Seine réorganise la compagnie des *agréés*, fixe leur nombre à vingt-un, règle la transmissibilité de leur charge et leur organisation disciplinaire.

Un considérant de ce règlement organique a quelque chose de monumental !

« Attendu, — est-il dit, — que l'institution des « agréés n'est point contraire à la loi qui prohibe près « des tribunaux de commerce le ministère des avoués, « etc... »

Pour écrire ainsi il faut avoir de la naïveté des jus-

ticiables une bien haute opinion ou quelque lacune
d'instruction à regretter. — Ne pas savoir lire, par
exemple.

La loi de 91 n'existe donc pas? L'article 5 C. civ.,
qui défend de procéder par voie de disposition générale
et règlementaire, est donc une fiction? Les articles 414,
421 P. c., 627 C. com. sont donc écrits en caractères
sybillins? La distinction des pouvoirs judiciaires et
législatifs est donc assimilée au songe d'un malade?
Somnium œgri.

N'anticipons pas. La Cour suprême répondra tout à
l'heure avec l'autorité qui s'attache à son nom.

En 1815, nouvelle délibération qui fixe les honoraires des agréés.

10 juin même année, le Tribunal contraint six agréés
à rendre leur tablier et en réduit le nombre à quinze.
Une indemnité de 225,000 francs leur est allouée par
leurs confrères plus heureux.

24 septembre 1818, arrêté du Tribunal sur la légalisation des pouvoirs!

Tout mandataire non connu du Tribunal, — lisez
non agréé, — devra être porteur d'un pouvoir spécial
légalisé et enregistré. Les agréés en sont dispensés.

C'est la résolution la plus déplorable, la plus illégale
qu'on puisse rêver! Elle est exclusive de toute notion
d'impartialité, prive le justiciable du libre choix de son
mandataire, et crée au profit de certaines individualités un monopole et des privilèges scandaleux.

Elle a été servilement plagiée par le tribunal de commerce de Toulouse, qui est tellement convaincu de l'injustice de ses exigences, qu'il refuse de donner copie

d'une prétendue délibération qu'il invoque tous les jours (1).

En 1824, nouvelle délibération qui exige des futurs agréés preuve de solvabilité suffisante.

Vaincus mais non découragés, les agréés existaient donc, toujours grâces à la complicité de certains tribunaux. En 1825 ils tentent un effort suprême, et par voie de pétition adressée au directeur des affaires civiles, ils demandent une loi qui proclame leur utilité et règle les conditions de leur existence.

La réponse ne se fit pas longtemps attendre, et sur le renvoi fait par M. le garde des sceaux, ministre de la justice, le Conseil d'Etat donna son avis dans les termes suivants :

« Considérant que l'on ne saurait donner aux agréés
« un caractère public, leur imposer l'obligation de
« fournir un cautionnement, les soumettre à des con-
« ditions d'éligibilité, déterminer les fonctions qui
« seraient incompatibles avec les leurs et les autoriser
« à présenter des successeurs sans les transformer en
« officiers ministériels, c'est-à-dire. sans leur conférer
« le droit exclusif de représenter les parties devant les
« tribunaux de commerce et sans leur attribuer des
« honoraires.

(1) Cet odieux protectorat n'est ici concédé aux agréés qu'à titre oné-reux. Ils versent dans la caisse du tribunal un franc par cause, moyennant quoi, indépendamment des avantages précédents, ils occupent une niche séparée à l'audience et s'affublent d'un costume dont la coupe joviale fait rêver à l'astrologue de Lafontaine.

Lorsqu'au début de l'audience, ces huit clowns se lèvent pour recevoir le Tribunal, ils donnent à celui-ci la physionomie d'un cirque de troisième ordre, en tournée de Province.

On éprouve une véritable déception, en les voyant s'asseoir sans avoir esquissé une demi douzaine de pirouettes.

« Qu'une telle mesure dénaturerait l'institution des
« Tribunaux de commerce où il est également néces-
« saire que la justice soit prompte et rendue au moins
« de frais possibles, que les formes soient simples et
« faciles et que *toutes les parties jouissent d'une li-*
« *berté indéfinie,* soit pour se défendre elles-mêmes,
« soit *pour choisir les mandataires auxquels elles*
« *veulent confier leur cause.*

« Considérant que... etc. . . . .

« Sont d'avis :

« 1° Qu'il n'y a pas lieu de proposer une loi
« ayant pour objet de donner aux agréés un caractère
« public, de leur imposer un cautionnement, de les
« soumettre à des conditions d'éligibilité, de détermi-
« ner les fonctions qui seraient incompatibles avec
« les leurs ni enfin de les autoriser à présenter des suc-
« cesseurs.

« 2° Qu'il y a lieu de soumettre au roi le projet d'or-
« donnance ci-joint :

Suit l'ordonnance royale conforme, en date du 25
mars 1825, qui n'est pas encore abrogée.

« Charles, etc.... Vu l'art. 421 du Code de procé-
« dure civile, l'art. 627 du Code de commerce et l'art.
« 6 de l'ordonnance du 5 novembre 1823.

« Considérant que — *tout individu, quelle que soit*
« *sa profession ou son titre,* — qui plaide devant le
« tribunal de commerce la cause d'autrui, doit, con-
« formément à l'art. 627, être autorisé par la partie
« présente ou muni d'un pouvoir spécial.

« Qu'il importe... etc. » . . . .

Le Code de 1807 se trouve donc corroboré par l'or-

donnance royale du 25 mars 1825, et il est difficile de
ne pas remarquer que tous les édits, déclarations, ordonnances, avis du Conseil d'Etat ont invariablement
persisté, depuis l'édit du 6 août 1549 jusqu'à nos jours,
à affranchir la juridiction commerciale du ministère
des procureurs, avoués ou autres défenseurs en titre, se
pareraient-ils même de la puérile qualification d'*agréés*.

Vous ne vous mettrez pas, Messieurs, en contradiction avec ces sages doctrines. Vous ne prononcerez
pas le mot *agréé*, qui est synonyme d'illégalité, d'abus
de pouvoir, de forfaiture !

CHAPITRE IV

Jurisprudence.

Du texte législatif nous avons conclu que l'institution
des agréés était une atteinte à la liberté de profession,
qu'elle constituait un monopole inique et illégal (1).

Le 17 janvier 1842, M. le ministre défère à la haute
Cour une délibération du Tribunal de Commerce de
Marseille relative à un tarif de frais applicables aux
agréés.

M. le conseiller rapporteur s'exprime dans les termes suivants :

Il s'agit d'une série de *droits illégaux* passés en

(1) Ces conclusions ne nous sont pas personnelles. Le Gouvernement
lui-même les a souvent invoquées. La Cour de cassation, mise en demeure
de se prononcer, leur a maintes fois donné d'éclatantes consécrations.

taxe d'après un tarif *illégalement admis* par le Tribunal de Marseille *et* TENDANT *à consacrer ou au moins à reconnaître l'existence officielle de défenseurs en titre* devant les tribunaux de commerce, au mépris des art. 414 P. c, 627 C. com., de l'avis du Conseil d'Etat du 9 mars 1825 et de l'ordonnance du 10.

Vous penserez probablement ne pas pouvoir vous dispenser de mettre un terme à un abus permanent de ce genre.

La Cour de cassation, conformément à ces observations, annule la délibération du Tribunal de Marseille (*Journal du Palais,* 1 — 1842, p. 622).

C'est en vertu du droit à lui conféré par l'art. 80 de la loi du 27 ventôse an VIII que le ministre avait saisi la Cour suprême.

Cette loi est toujours en vigueur. Qu'attendent donc les ministres actuels pour infliger une leçon sévère aux tribunaux qui font litière des principes du droit et donnent l'exemple de la désobéissance ?

Cette question des tarifs qui avait donné lieu à l'arrêt précité motiva, le 22 mai 1845, une circulaire de M. le garde des sceaux Martin (du Nord), dont nous détachons le paragraphe premier :

« M. le Procureur général, la loi *ne reconnaît pas*
« *de défenseurs en titre* près des tribunaux de com-
« merce. C'est ce qui résulte des art. 414 P. c. et
« 627 du C. com., de l'avis du Conseil d'Etat en date
« du 9 mars 1825 et de l'ordonnance royale du 10
« même mois.

« Devant les juridictions consulaires, etc., etc....

Le 12 juillet 1847, nouvel arrêt de la Cour de cas-

sation censurant le Tribunal de Commerce de Gray
(Haute-Saône), qui était dans l'usage de condamner
la partie perdante au paiement des honoraires des
agréés de la partie adverse.

M. le procureur-général s'exprime en ces termes :

« Cette condamnation au paiement des honoraires
« payés aux représentants des parties qui ont gagné
« leur procès constitue en matière commerciale un
« grave excès de pouvoir. En effet, il résulte des
« art. 414 P. c. et 627 C. com. ainsi que de l'avis
« du Conseil d'Etat du 9 mars 1825 et de l'ordonnance
« du 10 même mois, qu'il *n'existe pas de défen-*
« *seurs en titre dans les tribunaux de commerce.*

« La Cour de cassation a formellement reconnu ces
« principes dans son arrêt du 17 janvier 1842 (Mar-
« seille), et une circulaire de M. le garde des sceaux,
« ministre de la justice, en date du 22 mai 1845, a
« chargé les procureurs généraux de les rappeler aux
« présidents des tribunaux de commerce. Cependant
« c'est au mépris d'un principe aussi nettement établi
« que le Tribunal de Commerce de Gray a cru pouvoir
« comprendre dans la taxe des dépens des frais dont
« l'allocation — *tendait évidemment à créer devant*
« *les tribunaux de commerce des défenseurs en titre*
« *que la loi ne reconnait pas.*

« Il importe d'autant plus de réprimer cet excès
« de pouvoir que le tribunal a pris soin d'énoncer
« dans les jugements attaqués que tel est l'usage cons-
« tant du Tribunal de commerce de Gray. »

Arrêt du 12 juillet 1847 qui annule les condamnations aux frais prononcées par le Tribunal de Gray. (*Journal du Palais*, II -- 1847, p. 304).

Un arrêt topique est celui du 25 juin 1850. Alger, comme plus tard Toulouse, brûle du désir de manifester son dédain pour la légalité.

Non-seulement une délibération du 31 janvier institue des fonctionnaires équivoques, sous le nom *d'agréés*, mais trois autres subséquentes, en date des 21, 23 et 28 février, règlent leur nombre, leur travestissement, leurs honoraires, etc., etc....

M. le garde des sceaux dénonce le fait à la Cour de cassation, observant « que l'institution des agréés n'est « reconnue par aucune loi ; qu'elle n'existe dans quel- « ques Tribunaux de France que par suite d'un usage « ancien et d'une pure tolérance ; que, se fondant uni- « quement non sur un droit mais sur un usage con- « testable, le Tribunal de commerce d'Alger a pu éta- « blir un corps d'agréés. »

M. le procureur général Dupin, solennisant le débat, regrette le laconisme de la lettre ministérielle qui a passé sous silence l'illégalité de l'institution des agréés. « La solennité de ce débat, dit-il, deviendra pour « M. le ministre l'occasion d'envisager l'institution en « elle-même, dans son ensemble, soit pour en conser- « ver ce que l'expérience a pu trouver de bon, soit « pour en retrancher ce qui aurait pris le caractère « d'abus, et dans tous les cas pour régulariser dans « la forme, en *le faisant sanctionner par l'autorité* « *publique*, ce qu'il peut y avoir de défectueux dans « l'état actuel des choses. »

Requérant avec la brillante autorité qui s'attache au

nom de Dupin, dans un langage magistral où la dignité calme, la haute sagacité le disputent à l'habileté oratoire, l'illustre procureur général développe une thèse dont il est bon d'extraire des passages tels que ceux-ci :

« La séparation des pouvoirs est un principe d'ordre
« public consigné dans toutes nos lois fondamentales
« et particulièrement dans l'art. 19 de la constitution
« de 1848 : — Quelles sont les attributions du pou-
« voir judiciaire ? Elles sont déterminées par sa nature
« même. Il juge, en d'autres termes, il porte des déci-
« sions motivées sur les causes qui lui sont soumises.
« Telle est sa principale mission. — S'il est investi
« de quelques autres attributions, elles lui sont expres-
« sément conférées par des lois spéciales...

« En présence de ces attributions du pouvoir judi-
« ciaire, les délibérations déférées à la cour ne sau-
« raient se justifier. — Elles empiètent sur l'autorité
« administrative, en organisant une institution qui,
« comme toutes les institutions de cette nature, ne
« peuvent émaner que de l'autorité gouvernementale.
« — Cette organisation repose sur des dispositions
« qui ne rentrent en aucune façon dans les attributions
« des tribunaux.

« Enfin les délibérations déférées à la Cour violent,
« en outre, le principe écrit dans l'art. 5 C. civ.

« La position équivoque des agréés, considérés par
« l'ordre des avocats à la Cour d'appel de Paris comme
« exerçant une profession analogue à celle des agents
« d'affaires, et par conséquent exclus par lui de son
« sein, a surtout produit une grande confusion, etc.

« Et sur quoi tout cela repose-t-il ? — La nomina-

« tion des agréés, je le répète avec le ministre, cela
« ne repose sur aucune loi, mais seulement sur un
« usage contestable. Or cet usage peut assurément
« avoir sa raison d'être dans une longue pratique, si
« à côté de quelques abus il présente des avantages
« réels. — Mais dans ce cas il faut que l'autorité com-
« pétente, que l'autorité suprême de l'Etat s'empare
« de l'institution, et qu'elle la régularise en y attachant
« les caractères qu'il lui conviendra de lui donner.

« En attendant on ne peut tolérer qu'un pareil ordre
« de chose *s'établisse, subsiste et se perpétue* par la
« seule autorité des tribunaux qui, en cela, usurpent
« le pouvoir règlementaire qui leur est interdit et excè-
« dent manifestement leurs pouvoirs. C'est ce que
« l'on reconnaîtra manifestement quand on voudra
« l'examiner pour la France. C'est dans l'affaire pré-
« sente ce qui est manifeste pour l'Algérie.

« Bien que les agréés n'aient aucune position offi-
« cielle, certains tribunaux ont néanmoins tenté de
« rendre leur ministère obligatoire dans certains cas,
« ou au moins — *de faire tomber sur eux le choix des*
« *parties,* — en leur accordant des privilèges qui sont
« loin d'échapper à toute critique. »

Conformément aux conclusions prises par M. le
procureur général, la Cour, par arrêt du 25 juin 1850,
annule les délibérations prises par le Tribunal de
commerce d'Alger.

« Considérant, dit-elle, que ces délibérations, prises
« en assemblée générale, ont pour but *de créer un*
« *corps d'agréés par ledit Tribunal,* de régler leur
« nombre, leurs attributions, etc.; que de pareilles

« dispositions ne sont pas dans les attributions du
« pouvoir judiciaire ; qu'elles constituent un empiète-
« ment sur les droits du Gouvernement et de l'autorité
« administrative ; qu'elles ont un caractère règlemen-
« taire et de généralité contraire aux prohibitions de
« l'art. 5 C. civ., etc., annule, etc..... »

En 1852, nouvel arrêt annulant la délibération
prise par le Tribunal de commerce de Sarlat (Dordo-
gne), qui venait aussi de s'offrir le luxe d'un corps
d'agréés.

« Attendu, déclare cet arrêt, que le Tribunal a
« statué par voie de disposition générale et règlemen-
« taire, contrairement à l'art. 5 du Code civil ; qu'il a
« empiété sur les attributions de l'autorité adminis-
« trative et méconnu, en établissant un tarif des frais,
« l'art. 1042 du Code de P. c. et notamment, *qu'il a*
« *reconnu l'existence officielle de défenseurs en*
« *titre, au mépris des art. 414 P. c., 627 C. com.*
« *de l'avis du Conseil d'Etat du 9 mars 1825 et de*
« *l'ordonnance du 10.* »

Le 30 avril 1862, le président Bonjean, mort victime
de nos dissensions politiques, était au Sénat rapporteur d'une pétition demandant à ce que certains tribunaux de commerce fussent rappelés au respect de
la liberté professionnelle et de l'égalité devant la loi.

Ce savant jurisconsulte prononça dans cette occasion
un discours magistral, que l'on peut lire *in-extenso*
dans le *Moniteur universel*, 1er mai 1862.

Nous ne citerons que la péroraison :

« Tout cela (l'institution des agréés avec son cortège
« d'abus et de privilèges) est-il légal ? Non, assuré-

3

« ment ; et le seul embarras que j'éprouve est d'énu-
« mérer les illégalités qui se pressent, comme à l'en-
« vi, dans l'institution des agréés telle qu'elle est
« constituée dans la plupart de nos tribunaux de
« commerce. Il suffit en effet d'y jeter les yeux un
« seul instant pour y découvrir :

« *Premier excès de pouvoir* : de la part des juges :
« car au pouvoir exécutif et même, sous certains rap-
« ports, au pouvoir législatif seul appartient le droit
« de créer des corporations de représentants judiciai-
« res.

« *Deuxième excès de pouvoir* : violation de l'art. 5
« C. civ., en ce que, en imposant aux agréés un ser-
« ment professionnel, les juges statuent par voie rè-
« glementaire et générale ; ce qui leur est formelle-
« ment interdit.

« *Troisième excès de pouvoir* : violation des art.
« 258 et 259 du Code pénal, en ce que ces mêmes
« tribunaux autorisent le port spécial d'un costume
« non autorisé par la seule autorité qui soit investie
« d'un tel droit ;

« *Quatrième excès de pouvoir :* dans l'établisse-
« ment de tarifs.

« *Cinquième excès de pouvoir :* violation des art.
« 414, 421 C. p. civ. et des lois sur le timbre et l'en-
« registrement, en ce que les agréés sont parfois dis-
« pensés du pouvoir spécial, imposé par la loi à qui-
« conque représente une partie devant la juridiction
« consulaire ;

« *Sixième excès de pouvoir :* en ce que le Tribu-
« nal se réserve le droit de réprimander et de révo-

« quer les agents qui, aux yeux de la loi, ne peu-
« vent être que des mandataires librement choisis par
« les parties.

« *Septième excès de pouvoir :* dans l'interdiction
« faite aux agréés d'être syndics de faillite.

« *Huitième excès de pouvoir qui les résume tous* :
« négation de la liberté professionnelle proclamée par
« la loi des 2 et 17 mars 1791, art. 7.

« Inutile de pousser plus loin cette énumération ;
« qu'il me suffise de rappeler que, chaque fois que la
« Cour de cassation a été saisie de quelques-unes de
« ces questions, elle n'a point hésité à annuler les dé-
« libérations des tribunaux de commerce qui lui
« étaient dénoncées. (Arrêt du 19 juillet 1825 et 25 juin
« 1830.)

« Toutes ces illégalités doivent-elles être tolérées ?
« Nul assurément n'oserait le prétendre. C'est toujours
« chose fâcheuse dans un pays de voir les lois élu-
« dées et méconnues. C'est toujours un mal grave sur-
« tout quand le fait émane de ceux-là mêmes qui ont
« pour mission d'appliquer les lois et de les faire respec-
« ter.

« L'état actuel ne saurait en tout cas être plus
« longtemps toléré ; nous ne saurions en effet souffrir
« que les principes les plus essentiels de notre droit
« public, ceux qui touchent à la division des pouvoirs,
« continuent à être méconnus par nos Tribunaux de
« commerce ; les agréés doivent désirer sortir de cette
« situation équivoque qui leur fait aux yeux du bar-
« reau une profession sans caractère légal, qui semble

« les ranger dans la classe décriée des agents d'af-
« faires.

« En demandant que la question soit examinée,
« votre commission n'entend du reste rien préjuger,
« hormis un seul point très-capital à ses yeux; à
« savoir que quel que soit le caractère légal qui pourra
« être donné aux fonctions d'agréé, le Gouvernement
« se garde bien de retomber dans la faute si grave
« commise en 1816, et que, sous aucun prétexte, ni
« dans aucune mesure, le règlement à intervenir ne
« reconnaisse à ces charges nouvelles le privilège de
« vénalité, qu'il faut bien respecter, là où il existe de
« par la loi, mais qu'il faut bien se garder d'étendre
« là où le terrain est encore libre. »

La pétition fut renvoyée au ministre qui, le 19 mai
suivant, répondait :

« Cette question a éveillé la sollicitude du Gouver-
« nement. La commission instituée pour la réforme
« du Code de procédure civile aura à l'examiner. »

Le 4 mai 1866, solution identique, relativement à
une demande d'enquête adressée au Sénat, sur l'op-
portunité de maintenir ou de supprimer les agréés près
les Tribunaux de commerce. (M. Boinvilliers, rapporteur).

Le 4 juillet 1873, les frères Ruissel, agréés près le
Tribunal de commerce de Chambéry, s'inspirant des
réserves imposées par le secret professionnel, refusèrent de déposer comme témoins dans une affaire dont
ils avaient connu en leur qualité d'arbitres.

Le 11 même mois, le Tribunal prit la délibération
suivante :

« Vu l'attitude prise à l'audience du 4 juillet dernier
« par MM. Ferdinand et Hubert Ruissel, arrête :

« A partir de ce jour, les offices de M. Ruissel
« aîné, agent d'affaires, et M. Ruissel, avoué, ne
« seront plus admis comme mandataires agréés
« près ce Tribunal. Ils ne pourront prendre la parole
« que pour la solution des affaires pendantes.

« Cette suspension durera jusqu'au premier juillet
« 1874.

« Le présent arrêté leur sera notifié immédiatement
« par lettre du greffier de céans et porté sur le registre
« des délibérations. »

Appel fut relevé. La cour de Chambéry mit à néant
cette décision fantaisiste, motivant son arrêt par des
considérations que les juges du Tribunal de commerce
de Toulouse ne sauraient trop méditer.

« Attendu qu'en adoptant cette forme de procéder,
« et en appliquant aux appelants la peine qu'ils ont
« prononcée, les premiers juges se sont évidemment
« attribués une juridiction disciplinaire, que la loi ne
« leur a nulle part conférée.

« Attendu en effet que le pouvoir disciplinaire
« implique l'existence d'officiers ministériels placés
« sous la dépendance des tribunaux qui en sont in-
« vestis.

« Attendu qu'il n'en existe pas près les Tribunaux
« de commerce où la procédure se fait sans le minis-
« tère d'avoués et où les mandataires par lesquels
« les parties sont autorisées à se faire représenter
« doivent être munis d'un pouvoir spécial, qui prend
« fin avec l'affaire pour laquelle il a été donné.

« Attendu qu'enfin la loi ne reconnait aucun ca-
« ractère public à ces mandataires *que le Tribunal*
« *leur ait ou non donné le titre d'agréés.*

« Attendu qu'il suit de là que le Tribunal de com-
« merce ne pouvait, *sans porter atteinte aux droits*
« *des justiciables de se choisir tel mandataire auquel*
« *il leur convient de confier leurs intérêts*, interdire
« par anticipation à telle ou telle personne l'exercice
« du mandat qui pourrait leur être donné.

« Qu'il y a donc excès de pouvoir dans l'arrêté dé-
« féré à la censure de la Cour, etc... » (Dalloz, 74, 2.
122.)

CHAPITRE V

Forfaiture

Abordons un nouvel ordre d'idées.

Même sous un gouvernement que l'on dit être fait de
justice et de liberté, peut-être à cause de cela, j'hésite
à dire la vérité.

Vous êtes des hommes de droit, Messieurs, et vous
croyez en la justice de notre pays !

Moi, je me prends souvent à en douter. — Question
d'atmosphère ?.....

Il y a quelques mois à peine, je m'écriais : La justice
consulaire se meurt à Toulouse ! J'eus même la fran-
chise de le justifier, en publiant une modeste feuille :
la Revue consulaire.

Monsieur le président du Tribunal de Commerce de Toulouse prit contre moi une décision qui a élevé ce Tribunal à la hauteur de celui du grand-duché de Gérolstein.

La barre me fut interdite à jamais !

Oui, Messieurs, vous avez bien lu. La barre du Tribunal de commerce me fut interdite à jamais ! Et cela — *ex cathedra*, — sans incident, sans avoir été entendu, sans que l'on daignât même me donner la moindre raison justifiant cet ostracisme (1).

Prenant plus tard connaissance de la déposition des juges, appelés comme témoins pendant l'instruction, j'appris que cette peine sévère, mais ridicule, m'était infligée pour avoir publié — *la Revue consulaire*.

Quel rapport, me direz-vous, y a-t-il entre les prescriptions de l'art. 627 C. com. et une publication littéraire ? — Vous n'en voyez aucun ? — Ni moi non plus.

Il n'est nullement prouvé que le Tribunal soit plus avancé que nous.

L'habitude d'ignorer la loi rend l'arbitraire familier. A défaut de raisons l'on a des prétextes, et l'expérience nous a même appris que l'on peut impunément se passer d'avoir recours à ce dernier moyen.

L'on vous répond : Cela me plaît. — Le Tribunal l'a décidé, — l'on refuse de vous donner acte et le tour est joué.

En entendant parler ainsi, je vous vois tous animés

(1) « Le Tribunal me charge de vous dire qu'en vertu d'une décision prise à l'unanimité il vous interdit de jamais vous représenter à cette « barre. »
C'est à l'audience du 5 mars 1870, et dans ce style peu juridique, que fut prononcée cette mémorable sentence.

d'une sainte indignation, discuter avec véhémence et conclure : — que cela est impossible, — que les lois doivent protéger tout le monde, — que les juges n'ont sur les défenseurs aucun pouvoir disciplinaire, — que l'on ne saurait improviser des pénalités. « *Nulla pœna sine lege.* » — Qu'il y a abus de pouvoir manifeste, — que... etc............ Qu'un pareil procédé échappe à toute qualification.

J'ai — sur ce dernier point seulement — différé d'opinion avec vous en déclarant que : *c'était un acte de démence.*

Cette appréciation me semblait même empreinte d'une rare modération.

Successivement traduit pour ce fait devant la police correctionnelle et la cour d'appel, une peine de 16 francs d'amende m'a été infligée sans que le ministère public ait trouvé des accents pour flétrir l'indigne provocation dont j'avais été l'objet, — sans qu'il ait un seul instant éprouvé le besoin de jeter sur la sellette — des juges convaincus d'avoir usurpé la puissance législative, en s'arrogeant un pouvoir disciplinaire que la loi ne leur a nulle part conféré, — des juges coupables d'abus de pouvoir, — oublieux de leurs serments et du droit sacré de défense.

Res judicata pro veritate habetur. Je m'incline : le crime fait la honte et non pas l'échafaud.

La peine est peu de chose, mais en outrageant des magistrats, dans l'exercice de leurs fonctions, quelques graves que fussent leurs torts, j'ai manqué à mes devoirs de Français, et c'est vers cet objectif unique que doit converger toute l'amertume de mes regrets.

Concurremment à l'action intentée contre moi par le ministère public, j'avais déféré à la cour d'appel la sentence du Tribunal de commerce, — argumentant que ce qui constitue un jugement c'est la décision rendue à l'audience et non ce qu'il plaît au greffier de rédiger après coup.

Le Tribunal crut devoir rétrograder de quelques siècles, descendre dans l'arène, exhiber ses biceps et intervenir dans l'instance pour soutenir sa résolution.

La Cour prononça qu'il n'existait pas de décision contre moi, — de ce chef, j'étais libre de reprendre la barre (1), — elle refusa de recevoir le Tribunal intervenant et le condamna aux dépens de son intervention.

Je ne relate ces faits, Messieurs, que pour justifier le titre de cet ouvrage : *La loi se meurt!* et pour dévoiler à vos yeux le degré d'aberration que peut atteindre un Tribunal oublieux de sa vocation, et substituant ses inspirations aux préceptes du législateur.

Revenons à notre sujet : *les agréés.*

Je me demande par quel concours de circonstances, des faits aussi monstrueux que ceux que nous venons de signaler, des faits si sévèrement flétris par l'autorité souveraine peuvent encore se perpétuer sous l'œil de ceux qui se disent les avocats de la loi?

Comment en plein dix-neuvième siècle peut-il exister un *agréé?* — si ce n'est dans un musée à titre de monument préhistorique?

Laissez-moi croire que M. le garde des sceaux et M. le

---

(1) Observez bien que j'ai toujours refusé de me soumettre à cette décision folichonne.

procureur-général près la Cour de cassation, récemment saisis de trois pourvois ne déserteront pas la mission que la loi leur a imposée.

Mais chacun dans la limite de ses devoirs doit concourir au retour des saines traditions que nous a léguées 89 : l'égalité devant la loi !

Les privilèges sont un anachronisme et un retour aux âges de barbarie.

Vingt siècles de révolution ne sauraient être perdus.

La liberté, même au point de vue concret, au point de vue professionnel, doit être autre chose qu'un piège à badauds, elle doit être une réalité !...

Nul à Toulouse n'ignore plus que le Tribunal de commerce de cette ville s'est permis de légiférer contrairement à nos lois constitutionnelles, — qu'il a créé de prétendus officiers ministériels sous le nom d'agréés, — qu'il a réparti les justiciables en catégories ; les uns pouvant se faire représenter avec un pouvoir ordinaire, les autres devant fournir des pouvoirs légalisés et enregistrés, — que ce même tribunal a abrogé l'art. 627, C. com., etc...

M. le procureur général peut demander au premier président de convoquer la Cour pour examiner la procédure fantaisiste et les excès du Tribunal de commerce de son ressort ; chaque chambre jouit du même droit (art. 63, loi du 6 juillet 1810). Enfin chaque membre de la Cour a la même faculté (art. 64 et 65, même loi).

Tous les ans, le premier mercredi d'après la rentrée, la Cour se réunit en audience solennelle.

Dans le discours, sur la manière dont la justice a été rendue dans le ressort de la Cour pendant l'année précédente, M. le procureur-général trouvera l'occasion de remarquer et de signaler à cette assemblée les abus existants ou introduits dans l'administration de la justice consulaire.

Les conseillers seront tenus de délibérer sur ses réquisitions, et le ministre de la justice averti du désordre, mis en mesure de le faire cesser. (Loi du 20 avril 1810, art 10.)

Ce dignitaire, dans les attributions et sous la surveillance duquel sont placés les Tribunaux consulaires (art. 650 C. com.), ne tardera pas à mettre à la raison des Tribunaux qui font litière des lois qu'ils sont chargés d'appliquer.

Telle est la perspective que je me plais à rêver.

Pourquoi faut-il broyer du noir sur ce bel horizon bleu?

C'est qu'à mon oreille ricanent l'expérience et le sentiment de ma médiocrité. Pour obtenir certaines satisfactions, il faut, dans bien des cas, que ceux qui vous les accordent aient intérêt à le faire.

Hélas! — je laisse la parole à un homme de droit qui, en maintes circonstances de ce genre, a fait preuve de virilité (1) : — « Ils sont nombreux dans l'histoire « des peuples les exemples de lois impunément trans- « gressées et désobéies ; mais peut-il en être ainsi sous « une république qui doit être la plus haute et la plus « complète manifestation des principes du droit et de « l'équité? »

---

(1) M. Cruchon, docteur en droit, avocat près la Cour d'appel de Bordeaux.

Oui, mon cher maître, il peut en être ainsi sous une république et particulièrement sous une république dite française. La réalité et vos ouvrages sont là pour le justifier.

Tout comme vous, mais avec moins d'élégance de style, je me demande : La justice en France ne serait-elle que relative ? Certains articles formels n'ont-ils été enchassés dans nos Codes qu'à titre d'ornement ? Voilà ce que je voudrais savoir, comme vous, et d'une manière définitive, afin de ne plus attribuer aux lois, à l'avenir, plus d'importance et d'autorité qu'elles n'en ont.

Les agréés vont-ils disparaître ? — Les art. 414, 421 P. c., 627. C. com. vont-ils obtenir droit de cité sous cette belle-république ? — Je l'espère, — mais que ce soit bientôt, car un plus long silence de la part de ceux à qui le gouvernement a confié le soin de veiller à la garde des lois, ferait soupçonner chez eux l'intention de vulgariser un lugubre aphorisme : « La force ou la routine priment le droit. »

Quand on appartient à un pays, sur lequel se projette encore l'ombre d'un cyprès, ces allusions sont toujours douloureuses, mais c'est un devoir.

Permettez-moi, Messieurs, de vous faire aussi remarquer cette étrange contradiction, qui consiste à obtenir de la Cour souveraine une flétrissure pour les Tribunaux de Marseille, Sarlat, Gray, Alger, coupables d'avoir institué des agréés, et à dédaigner Paris, Bordeaux, Toulouse et autres auteurs du même fait.

« Au point de vue de l'unité législative, c'est d'un « beau coup d'œil, et, en élargissant cet ordre d'idées

« nous ne serions pas surpris de voir un jour promul-
« guer une loi telle que, celle-ci :

« L'individu qui aura coupé une femme en mor-
« ceaux sera, si le crime a été commis en deçà de la
« Loire, condamné à mort.

« Si ce même fait se produit au delà, son auteur
« n'en sera pas moins susceptible de recevoir le prix
« Monthyon (1). »

Pour être logique, il faut supprimer la Cour de cassation, considérer chaque département, chaque arron-
dissement, comme régi par un Code spécial.

Nous reviendrons au temps du bon roi Henri. Les
lois changeront avec les relais ou les stations de che-
mins de fer.

Paulo majora canamus.

Vous venez de lire, Messieurs (2), les arrêts de la
Cour suprême de 1842, 47, 50, 52 ; je pourrais en
ajouter deux identiques 1814 et 1825.

Tous déclarent que les Tribunaux de commerce qui
ont institué des corporations — de *défenseurs en titre*
sous le nom d'*agréés*, — l'ont fait au mépris de l'art. 5
C. civ., de l'avis du Conseil d'Etat en date du 9 mars
1825 et de l'ordonnance du 10 même mois. Qu'ils ont
en outre méconnu les art. 414, 421 P. c. et 627 C.
com. ; qu'ils se sont rendus coupables *d'abus de pouvoir et d'usurpation de la puissance législative.*

Or, comme le dit fort spirituellement M. Cruchon (3) :

(1) *Un abus judiciaire.* Léonel Oudin, Paris.
(2) Page 27 et suivantes.
(3) *De l'usurpation de la puissance législative par quelques Tribunaux
de commerce* (Cruchon, docteur en droit, 1880, Pedone Laurier, éditeur,
Paris).

« Si deux choses égales à une troisième sont égales
« entre elles, deux excès de pouvoir semblables à six
« excès de pouvoir qui ont été reprimandés et censurés
« par la Cour de cassation, sont semblables entre eux
« et doivent être censurés. »

Donc deux délibérations du Tribunal de commerce
de Toulouse, l'une instituant une corporation d'agréés,
l'autre exigeant de certains mandataires — peu sympathiques — la légalisation et l'enregistrement des pou
voirs, doivent être annulées.

Toute loi suppose une sanction. En l'espèce elle ne
fait pas défaut.

Art. 127 du C. pénal : « Seront coupables de forfaiture et
« punis de la dégradation civique : 1° *Les juges*, les procu-
« reurs généraux ou de la République, ou leurs substituts,
« les officiers de police qui se seront *immiscés dans l'exercice*
« *du pouvoir législatif*, — soit par des règlements contenant
« des dispositions législatives, — soit en *arrêtant ou en sus-*
« *pendant l'exécution d'une ou plusieurs lois*, soit en délibérant
« sur le point de savoir si les lois seront publiées ou exécu-
« tées ; 2° Les juges, les procureurs généraux, etc...

Si la fréquentation de la barre consulaire n'a pas
détruit chez moi toute notion de français, de droit, de
raison pure, les juges du Tribunal de commerce de
Toulouse sont *doublement* coupables *de forfaiture*
et doivent être punis de la dégradation civique.

Je serais au désespoir d'alarmer les puristes. — Les
mots sont signes d'idées, — ce qu'il y a de regrettable
ce n'est pas la véhémence de l'expression, mais bien
les faits qui la motivent.

Vainement les agréés vont-ils gesticuler, simuler la

chorée ou l'épilepsie. — Ils n'ont jamais à Toulouse
que des arguments de cette force. — Pour eux la gym-
nastique des épaules, à l'audience, supplée la logique et
le droit.

Le doyen de la bande, ramenant quelques mèches
égarées sur ses tempes, se permettra même d'observer
que l'absence d'intention est exclusive du crime.

Concedo. S'il n'y a intention il n'y a pas crime,
c'est admis.

Procédons par ordre.

Les membres du Tribunal de commerce de Toulouse
ont-ils, oui ou non, institué un corps d'agréés ? — Réglementé leur nombre ? — leur costume ? — le mode
de serment ? — leur régime disciplinaire ? — leur tarif ?
— la vénalité de leur charge ?

L'affirmative ne me paraît pas douteuse. — Et à
moins d'être digne d'attirer l'attention d'un spécialiste,
lon ne saurait prétendre que ces règlements compli-
qués ont été délibérés en l'absence de toute intention.

Or, toute les dispositions réglementaires ci-dessus
libellées ont été caractérisées par la Cour de cassation,
d'abus de pouvoir et *d'usurpation législative*, — ces
deux faits étant qualifiés crimes par l'art. 127 C. pén.
et punis de la dégradation civique, j'en tire les conclusions énoncées page 46.

Mais j'ai dit que le Tribunal de commerce était *doublement* coupable de forfaiture.

Des mots de cette gravité ne s'inventent pas ; ils se
justifient, et cela après avoir longtemps médité ces vers
d'Horace :

... et versate diu quid ferre recusent
Quid valeant humeri.

Sont coupables de forfaiture, dit l'art. 127 C. pén.,
les juges, etc... qui *arrêteront* ou *suspendront* l'exécution d'une ou plusieurs lois...

L'art. 627 C. com. fait-il partie de nos lois ? Oui.

Eh bien ! je déclare que le Tribunal de commerce de Toulouse en *arrête et suspend* l'exécution.
Que dis-je ? il l'a même abrogé en partie.

En effet, les agréés seuls peuvent utiliser le bénéfice
de l'art. 627.

Les autres mandataires ne sont pas admis à s'en pré-
valoir. Ils doivent se soumettre à des formalités — *ex-
tra légales,* — fantaisistes, édictées par le tribunal et
dont celui-ci a fait le préliminaire, la condition essen-
tielle, indispensable de toute postulation.

Si je plaide, ce n'est pas en vertu d'un pouvoir, c'est
en vertu d'une légalisation.

Donc, le Tribunal de commerce de Toulouse a
abrogé l'art. 627 C. com. par des dispositions géné-
rales, réglementaires et législatives — il suspend et
arrête l'exécution d'une loi ; donc, il est une seconde
fois coupable de *forfaiture*.

Et, — circonstance qui n'est pas à dédaigner en matière de criminalité, — la caisse du Tribunal retire un
avantage pécuniaire de toutes ces manœuvres.

Toute affaire qui nous est enlevée au profit d'un
agréé se traduit par un franc versé dans l'escarcelle du
Tribunal.

Les faits que je viens d'énumérer, Messieurs, sont

patents, publics, incontestés, et iis ne sont l'objet d'aucune répression.

Et l'on s'étonne que je doute parfois de la justice de mon pays?. . Ce qu'il y a de plus surprenant, c'est que je sois encore dans le domaine du doute.

CHAPITRE VI

Conclusion

J'ai traduit à votre barre, Messieurs les membres du Conseil, et à celle de l'opinion publique l'institution des *agréés*.

Je crois avoir démontré qu'elle est contraire à la loi, à l'unité de législation, —à l'égalité des citoyens, — à la liberté professionnelle, — à la morale publique, — au respect de la justice, etc.....

Qu'elle constitue un monopole odieux et illégal.

Que les Tribunaux de commerce sont sans droit ni qualité pour créer auprès d'eux un corps de défenseurs en titre. Que si certains ont passé outre, c'est au mépris des art. 414, 421, P. c., 627 C. com., etc..... et en encourant les peines édictées par l'art. 127, C. p.

Je suis donc convaincu que non-seulement vous ne leur accorderez pas de nouveaux priviléges, mais que, — dans aucune circonstance officielle, — vous ne prononcerez le mot *d'agréé*, si ce n'est pour proclamer qu'ils sont la négation des principes de 89 et un produit équivoque du favoritisme.

4

Il ne saurait entrer dans votre esprit de prétendre que cette expression doit être prise dans son acception propre et usuelle.

L'existence des *agréés* constitue une éclipse de droit. Le nom seul est une entité absolue, une idée concrète se présentant à l'imagination avec tout son cortège de costumes, d'abus, d'illégalités. L'abstraction est impossible.

Le projet de délibération, que je vous prie de ne pas réaliser, et qui a servi de thème à ce modeste travail, aurait encore l'inconvénient de limiter le champ de votre intervention dans les grosses affaires commerciales. Vous frapperiez d'ostracisme certaines catégories de plaideurs. Mes clients, par exemple, ne pourraient être défendus par vous ou vos confrères.

Quid dans l'hypothèse où un avocat puritain refuserait de se soumettre à votre délibération, argumentant qu'il ne reconnaît pas d'agréés?

Le frapperez-vous d'une peine disciplinaire, motifs pris de ce qu'il a commis l'irrévérence de faire preuve de science juridique?

C'est douteux.

Un dernier mot : Le Français est fanatique de droit. Il professe un culte pour la liberté.

Je termine, convaincu que vous ne transigerez pas avec ces traditions ; et que vous ne nous refuserez pas la liberté la plus élémentaire : celle d'être égaux devant la loi !

APPENDICE

RÉPONSE A QUELQUES OBJECTIONS

Tribunal et agréés mettent leur esprit à la torture, si ce n'est pour expliquer, du moins pour atténuer l'un ses forfaitures, les autres les privilèges odieux dont ils jouissent.

Je ne réfuterai pas les objections produites.

Chacune d'elles demanderait un volume.

Permettez-moi de flageller, au passage, les principales et je termine.

Les agréés existent en fait.

Ce raisonnement n'a d'autre valeur que celui d'un accès de douce gaieté gauloise. Il conduit a cette admirable conclusion : que les voleurs et les incendiaires doivent être respectés, attendu qu'ils existent en fait.

Les religieux existaient en fait. Leur origine est plus ancienne que celle des agréés.

Est-il bien démontré que cette circonstance leur ait été d'une grande utilité ?

Quant à la préexistence des agréés, elle est aussi illégale que leur existence actuelle (1).

(1) Ch. II et III.

La patente.

La loi des finances du 18 mai 1850 mit fin à l'exemption d'impôt dont jouissaient les professions libérales. Elle ne maintint d'exception que pour les arts et l'agriculture.

Le tableau G, additionnel au tableau D, de la loi du 25 avril 1844 porte textuellement que — les *mandataires agréés* par les Tribunaux de Commerce — sont assujettis seulement au droit proportionnel.

Palpitants d'émotion, les agréés poussent des cris d'orfraie.

La loi nous reconnaît, disent-ils, puisqu'elle s'occupe de nous !

Continuez, joyeux agréés, vous m'amusez.

Je ne vous demande pas d'être logiques, ce serait de la cruauté.

Mais alors, raisonnant par analogie, les voleurs et les incendiaires, comme je le dis quelques lignes plus haut, sont reconnus par la loi, puisque le législateur a fait exprès pour eux la majorité du Code pénal ? Voilà des gens dont la loi s'est occupée.

Qu'est-ce que la patente ?

« Un impôt qui a pour but de faire contribuer aux « charges publiques les industries de toute nature en « prélevant une proportion, déterminée par la loi, sur « les revenus et produits présumés de cette industrie. »

La patente est la constatation d'un fait et non sa consécration.

La loi de 1791 a proclamé la liberté des professions.

Chacun est donc libre d'en exercer une qui s'appelle :
— *agréé par le Tribunal de commerce.*

Le contrôleur des Contributions directes seul a le droit de s'en préoccuper.

Un ministre des finances désireux d'augmenter les ressources de l'Etat rencontre sous sa plume une série d'hommes exerçant une profession équivoque, il les impose. Quoi de plus naturel ?

Je deviens plus explicite :

Passant dans la rue, je rencontre un boule-dogue exhibant ses canines avec ostentation.

Un vigoureux coup de cravache lui fait comprendre que son voisinage ne m'inspire qu'une confiance très modérée.

Comprend-on ce chien, se disant sous forme de monologue : — J'ai acquis droit de cité, l'on s'est occupé de moi.

Un ministre passe, rencontre des agréés, les sangle d'une patente.

Il s'est occupé d'eux, donc il les a reconnus ?

Vous n'êtes pas simplement hors de prix, Messieurs les agréés, vous êtes impayables !

Les agréés ont acheté leurs charges des sommes fabuleuses, il serait inhumain de les dépouiller.

Vous avez acheté une charge, dites-vous ? Qui vous le conteste ?

En quoi une extravagance, une obligation aléatoire, illicite, contractée en notre absence, peut-elle nous préjudicier ? *Res inter alios acta.*

Quelle réception réserveriez-vous à un minotier, un

marchand de vin, un cordonnier qui successivement viendraient vous demander de les indemniser, l'un de ce qu'il a acheté des farines avariées, le second des vins fuschinés, le troisième des cuirs verts?

Sans autre préambule, et par les voies rapides, vous enverriez les plaignants à tous les diables; ce avec geste de tibia approprié aux circonstances.

C'est cette procédure sommaire que je propose à votre égard.

Je n'ai raisonné ici que dans l'hypothèse où ayant simplement acheté la clientèle de votre *prédécesseur agréé*, vous tenteriez de vous plaindre que la suppression du titre nuirait à vos intérêts.

Mais si d'aventure vous avez acheté le *titre d'agréé*, vous n'êtes pas seulement indigne de toute sollicitude, vous êtes coupable, vous avez spéculé sur un objet illicite, prohibé par la loi.

Aux termes de l'art. 900 C. civ., la clause relative au titre d'agréé est réputée non écrite, et suivant l'art. 1172, même Code, l'obligation est nulle.

Lisez, aussi, l'art. 1108, qui exige pour la validité d'une convention, — un objet certain qui forme la matière de l'engagement. —

En l'espèce où est l'objet certain? Le titre d'agréé? Mais vous l'avez déjà, mais tout le monde le possède, mais je m'intitule agréé dans toutes les circonstances.

Vous achetez une chose que vous possédez déjà, qui n'augmente pas la vôtre, qui ne diminue en rien celle du vendeur?

Vous achetez un néant et vous le payez un prix fabuleux?

Et vous venez au Tribunal de commerce pour plaider les affaires des autres ? vous feriez mieux d'apprendre à faire les vôtres !

La défense est libre, tout le monde peut se présenter à notre barre.

Vieux cliché démodé dont on ne se fatigue pas. Il est en permanence sur le marbre de l'imprimerie du Tribunal.

Mais si la défense est libre, quelle nécessité éprouvez-vous d'avoir des agréés ? Le monopole qui leur est concédé est exclusif de toute liberté.

La défense est libre, dites-vous. — Oui, comme le forçat dans son cachot. Il possède la faculté de se mouvoir dans le rayon de sa chaîne.

Le droit pour le justiciable de choisir son mandataire lui est virtuellement enlevé, car s'il veut l'utiliser en choisissant un mandataire sans qualificatif, il doit subir des formalités difficiles, parfois impossibles, mais toujours vexatoires et injurieuses.

Chacune de ses affaires est frappée d'un droit de procuration de 4,35, toujours en vertu de ces principes d'impartialité dont le Tribunal parle tant et qu'il applique si peu.

Que dirait un minotier dont chaque sac de farine serait frappé d'un impôt de 4,35, tandis que ses confrères en seraient dispensés ?

Proclamerait-il bien haut que la minoterie est libre ? C'est au moins douteux.

Si encore c'était tout.

Enfin se dit-il, j'ai payé 4,55 de plus que mes concurrents, mais je vais pouvoir vendre ma farine.

Il se dispose à livrer, lorsque apparaît à ses yeux un
personnage, affublé d'un costume dont la malpropreté
n'est pas exclusive de mauvais goût, qui lui dit :

Vous avez payé 4,55, je le reconnais, c'est l'enregistrement, mais avant de livrer il faut faire légaliser la
commande de votre client.

— Mais c'est impossible, il attend la farine, voyez
l'heure.

— C'est un détail.

— Mais c'est la négation de toute liberté.

— Je ne dis pas non.

— 91 a proclamé la liberté des professions. Vos procédés sont d'une injustice révoltante. La république a pour
devise : Liberté, Egalité, Fraternité.

— Chacun l'entend à sa manière.

Que Jéhovah me préserve d'un gouvernement qui
inscrirait sur son blason : Liberté, Légalité, Fraternité.

Trève d'incidents. — *Sic volo* — *sic jubeo*. Jéhovah
c'est moi ?

Le pauvre minotier va faire légaliser sa commande
et lorsqu'il revient triomphant, porteur du titre précieux,
plus de client! Un confrère charitable, qui n'était pas
assujetti à toutes ces formalités, a livré à sa place.

Croyez-vous, Messieurs, que ce minotier soit bien
convaincu de la liberté professionnelle ? A peu près
comme moi.

Si, disent les juges, nous avons réglementé, contrairement aux dispositions de l'art. 5 C. civ., ce n'est pas pour violer la loi, mais bien pour mettre les justiciables et le Tribunal à l'abri des surprises, nous assurer de l'identité des plaideurs et éliminer certains hommes d'affaires dangereux.

1° Personne n'a chargé le Tribunal d'éliminer certains hommes d'affaires dangereux. Ce soin est laissé aux parties qui sont pour cela de fort bons juges. Le Tribunal n'a à s'occuper que d'une chose, c'est de juger. C'est le seul mandat que les électeurs lui aient confié.

Où donc le Tribunal a-t-il puisé ce prétendu droit de guider les justiciables ?

Mystère et *Revue consulaire !*

Au risque d'être accusé de tracasserie, j'observerai à Messieurs les juges qu'il ne serait pas indifférent de définir au préalable, — l'homme d'affaires dangereux.

Oui, quelle est cette espèce féroce oubliée par Buffon dans ses magnifiques descriptions zoologiques ?

Pour Toulouse la définition est acquise :

C'est un journaliste ou un homme assez audacieux pour avoir fait annuler des élections consulaires. On ne veut plus le voir.

Rien n'est plus simple. Les magistrats qui parlent ainsi n'ont qu'à rester chez eux.

Voilà un moyen simple, pratique, honnête, légal de se débarrasser d'un homme d'affaires dangereux.

2° *Nous avons réglementé contrairement à l'art. 5 C. civ., mais ce n'est pas pour violer la loi !*

Ceci est plus qu'un paradoxe, c'est une charade.

Escobar a fait des disciples, et il est encore de beaux jours réservés à la théorie des restrictions mentales.

Cette hypothèse ouvrirait de bien beaux horizons.

Quelques lignes pleines de verve empruntées à M. Cruchon feront mieux ressortir ma pensée :

« Le faussaire dirait, par exemple : Moi, faussaire !...
« mais je suis un parfait honnête homme ; je n'ai pas
« eu le dessein de violer la loi ; c'est si vrai que je
« me passerais qu'elle existât. Si j'ai commis un faux
« ce n'est pas pour devenir faussaire ; c'est uniquement
« pour conserver et même augmenter l'héritage de mes
« enfants. C'est pour remplir mes devoirs de bon père
« de famille. »

Avec une pareille théorie l'on peut fermer les Tribunaux correctionnels et les Cours d'assises.

Voulant nous assurer de l'identité des plaideurs, nous avons, par délibération, exigé des mandataires non agréés l'enregistrement et la légalisation des pouvoirs.

Je vous arrête *in limine*.

Donnez-moi donc copie de votre délibération. Que je puisse faire valoir contre elle mes droits, puisqu'elle préjudicie à mes intérêts.

Un plus long refus me placerait dans la cruelle alternative de douter de son existence et de la parole du Président qui l'invoque tous les jours, ou de croire que le Tribunal n'en est pas très fier, puisqu'il refuse de la faire connaître.

Le prétexte invoqué dissimule mal les véritables préoccupations de ces législateurs au petit pied.

Est-ce que les juges de paix, les conseils de préfecture, qui ont certes l'importance des Tribunaux consulaires, ont jamais institué des agréés ?

En sont-ils pour cela moins respectés ?

Eprouvent-ils la moindre difficulté à reconnaître l'identité des plaideurs ?

D'un mot l'on peut juguler ces autocrates, faire ressortir l'iniquité de cette décision, et les prendre en flagrant délit de..... distraction.

L'article 47 de la loi du 22 frimaire an VII exige que toutes les pièces produites en justice soient enregistrées.

En cas d'inobservation, les juges sont personnellement responsables de la perception des droits.

Les pouvoirs doivent être enregistrés. Le Tribunal l'exige de nous, rien de plus juste. Mais où il foule aux pieds tous ses devoirs professionnels, c'est quand il en dispense les agréés (1).

L'enregistrement est une formalité purement fiscale, qui ne présente aucun caractère de personnalité.

Que le Tribunal nous dise donc en quoi cette mesure peut favoriser la recherche de l'identité ?

En parlant ainsi, il altère sciemment la vérité. Ce qu'il veut, c'est favoriser ses *agréés*, c'est ausssi, au moins à Toulouse, éloigner de la barre des mandataires importuns.

---

(1) Les juges manquent à leurs devoirs professionnels, quand ils font acception de personnes ou se déterminent par des considérations particulières. L'Hôpital, Discours au parlement de Rouen, 17 août 1563, d'Aguesseau, Mercuriale de 1698.

Que ces honorables juges viennent jamais me parler de légalité et d'impartialité, je les engagerai à traiter des sujets qui leur soient plus familiers.

Il s'agit actuellement de porter un scalpel investigateur sur la *légalisation*, le *Deus ex machina*.

Messieurs les législateurs consulaires, voudriez-vous être assez bons pour me dire ce que vous entendez par légalisation ?

Vous l'ignorez ?

Je le savais, et cet aveu prouve que votre bonne foi est à la hauteur de votre ignorance.

Sachant combien cette qualité négative est développée chez vous, je crois avoir trouvé là un moyen aussi délicat qu'ingénieux d'exalter votre bonne foi.

En passant, je vous recommanderai deux auteurs qui ont magistralement traité cette question et ont démontré non-seulement l'illégalité, mais l'immoralité de votre prétendue légalisation (1).

Je ne suivrai pas mes confrères dans leurs savantes dissertations, les loisirs me manquent, je dois arriver à temps.

La prétention du Tribunal d'exiger de certains mandataires la légalisation des pouvoirs est non-seulement illégale, mais — impossible !

Art. 1172 C. c. — Toute condition d'une *chose impossible* ou contraire aux bonnes mœurs ou *prohibée par la loi* est nulle et rend nulle la convention qui en dépend.

(1) 1º *Légalisation des actes privés et spécialement des procurations pour plaider devant certains Tribunaux de commerce.* (Gustave Cruchon, docteur en droit, Bordeaux 1880.)

2º *Mémoire pour servir à l'examen d'un pourvoi en cassation.* (Léonel Oudin, licencié en droit, Paris 1880.)

Par suite l'obligation.

Puisque le Tribunal a négligé de m'apprendre ce que c'est que la légalisation, je dois suppléer à cet oubli.

Denisart, l'un des plus anciens auteurs qui aient écrit sur cette matière, la définit :

« Un certificat donné à la suite d'un acte par un « magistrat qui atteste que les signatures *des officiers* « dont l'acte est souscrit sont véritables, que l'on doit « y ajouter foi. »

M. Cruchon ajoute à cette définition : « Qu'un fonc-« tionnaire ne peut légaliser qu'en vertu d'une loi, lui « octroyant ce pouvoir. »

Un arrêt de la Cour de cassation, — 17 mai 1858, porte : —

« Suivant le droit commun, la légalisation n'est exigée « que relativement aux actes des fonctionnaires publics, « dont elle a pour objet de certifier les signatures. « *Lorsque cet acte est sous seing-privé, cette for-« malité est inutile.* »

Un justiciable bénévole m'a confié une assignation sur laquelle, au-dessous d'un — *bon pour pouvoir*, — il a apposé un large paraphe.

Il est midi, le soleil est éblouissant, néanmoins j'allume une lanterne, car l'homme que je cherche n'est pas facile à trouver.

Suivi de mon client, je cherche un légalisateur !

Je me rends chez M. le Maire.

Après les compliments d'usage, je lui demande :

Seriez-vous assez bon, Monsieur, pour légaliser cette signature ?

— Cela est impossible ; le décret des 6-27 mars 1791 m'impose l'obligation de ne légaliser que les signatures apposées sur les actes des *officiers publics*. Je désire ne pas sortir de mes attributions.

— Puisque ce n'est pas le maire, me disais-je, en sortant, ce doit être le président du Tribunal civil.

Je pénètre dans son cabinet et le prie de vouloir bien légaliser la signature que je lui présente.

— Monsieur, me répond ce magistrat, le décret du 6 mars 1791 dit bien que les maires donneront, concurremment avec les présidents des tribunaux, les légalisations, mais *seulement sur les actes des officiers publics*.

La loi du 2 mai 1861 ne nous autorise qu'à légaliser les signatures des notaires et des officiers de l'état civil.

— Voulez-vous me permettre de vous adresser une question ?

— Avec plaisir.

— Pour exercer votre profession, est-il absolument nécessaire d'ignorer complétement le droit ?

— Non, M. le président, pour être nommé juge ou agréé seulement.

— Bien, Monsieur ; alors je vous observerai :

Que la légalisation est extensive et non constitutive de l'authenticité des actes ; qu'elle ne peut dès lors s'appliquer qu'à des actes publics, authentiques ou réputés tels.

Que la légalisation *est toujours* ordonnée par une loi qui habilite un magistrat à cet effet.

Qu'enfin elle ne peut pas s'appliquer aux *signatures de particuliers* données sur des actes privés.

S'il y a quelques exceptions à ce principe elles sont expressément visées par le législateur, ce qui confirme la règle, art. 698, P. c.; art. 56, loi du 24 juillet 1867, etc.....

Si je me trouvais en présence d'hommes de droit, mes pérégrinations s'arrêteraient là ; mais au Tribunal de commerce, la loi ne joue qu'un rôle très secondaire. La vraie loi c'est l'opinion de M. tel ou tel.

M. le président exigeant la légalisation de la signature et en ayant fait une condition *substantielle* du pouvoir, mon client doit se la procurer à tout prix.

Inutile de me présenter devant le président du Tribunal de commerce, ce magistrat ne peut rien légaliser du tout, pas même les signatures de commerçants.

Je m'adresse au juge de paix, qui me répond fort poliment :

Le décret de 1791 a retiré aux juges de paix la légalisation.

L'art. 1 de la loi du 2 mai 1861 dit que : les juges de paix sont — *autorisés* — à légaliser, concurremment avec le président du Tribunal, les signatures des notaires et celles des officiers de l'état civil.

Je ne saurais donc, Monsieur, légaliser une signature particulière.

Le commissaire de police me répond qu'il ne sait pas de quoi je lui parle et qu'il n'aime pas les mauvais plaisants.

Il me reste bien la ressource de m'adresser au famulus du tribunal ou à la bonne du président ; mais il
m'est revenu que j'avais perdu leur estime.

Ils se déclareraient incompétents.

Enfin, Messieurs, dites-moi donc par qui je dois
faire légaliser la signature de mon client ?

Ni le maire, ni le président du Tribunal civil, ni le
juge de paix, ni le commissaire de police, ni le famulus, n'ont qualité pour donner une légalisation.

« Une légalisation imposée, et personne pour la don-
« ner ! »

Ce n'est plus de la justice, c'est une mystification,
une fumisterie du plus mauvais goût.

**Les Tribunaux ont le droit de faire des réglements
d'ordre intérieur.**

Je n'hésite pas à l'accorder, mais dans les limites de
l'art 51, loi du 20 avril 1810, qui dit :

« Les décisions prises par les *Tribunaux de première*
« *instance*, doivent être transmises, avant de recevoir
« leur exécution, aux procureurs généraux par les pro-
« cureurs de la république et soumises aux Cours
« d'appel. »

Même les décisions d'ordre intérieur sont subor-
données à la censure des Cours d'appel.

Néanmoins, Messieurs les juges, s'il s'agit de fixer les
heures d'audience, — le costume du portier, — de rè-
glementer la température de vos bouillottes, — de déterminer à quelle heure vous suspendrez l'audience
pour aller dans la chambre du Conseil tailler une
bavette et sécher un bock. —Je suis disposé aux plus

larges concessions ; mais comme vous manifestez une tendance déplorable à braconner dans le domaine législatif, je demande à connaître la valeur des mots.

Qu'appelez-vous réglement intérieur ? Je présume que c'est une série d'obligations imposées à un certain nombre de personnes constituées en corporations qui, de ce chef, sont sous votre dépendance.

Mais la légalisation et l'enregistrement sont par vous rendus obligatoires — pour tous *les justiciables* — qui n'ont pas le bon goût de s'adresser à un agréé. Ces formalités engagent les Toulousains, — les Bordelais, — les Marseillais — aussi bien que la totalité des Français et des étrangers et vous appelez cela un réglement intérieur ?

Pour être extérieur, il faut probablement qu'un réglement vise les habitants de la lune ?

Vous abrogez une période entière du Code de procédure civile, vous modifiez le commerce dans son essence, ainsi que les lois qui le régissent ; en limitant à huit le nombre des agréés, vous violez audacieusement la loi de 91, qui proclame la liberté des professions et vous vous obstinez à qualifier ces procédés de réglement intérieur ?

Non, vous n'êtes pas sincères.

Que diriez-vous d'un préfet qui arrêterait que dorénavant il n'y aura plus à Toulouse que dix hôtels, cinq épiciers, trois cordonniers, deux sages-femmes ?

Quel long éclat de rire cet arrêté soulèverait ?

Dans un pays libre c'est le seul effet que produirait la décision d'un Tribunal consulaire, décrétant qu'il n'y aura que huit agréés pour postuler dans les causes commerciales.

5

La violation de l'art. 1030 du Code de Procédure
civile est-elle aussi un règlement d'ordre intérieur?

Art. 1030 P. c. — Aucun exploit ou acte de procédure
ne pourra être déclaré nul si la nullité n'en est pas formellement prononcée par la loi, etc.

Quand le tribunal refuse d'entendre à la barre un
mandataire porteur de pouvoirs conformes au texte de
la loi — mais non revêtus de formules fantaisistes — il
prononce, *ipso facto*, la nullité du pouvoir.

Le tribunal n'a pas ce droit.

1° Personne ne l'a saisi de la question; 2° aucun
article du Code ne prononce la nullité.

Les nullités ne sauraient être arbitrairement suppléées.

Voilà ce que le Tribunal de commerce de Toulouse
appelle utiliser le droit de règlementation intérieure!...

Ce règlement intérieur nous révèle bien d'autres
surprises.

Les juges consulaires ont, paraît-il, la faculté de
déléguer leurs pouvoirs! Vous ne vous en étiez jamais
douté, chers lecteurs, moi non plus.

Un de ces jours le Président déléguera le portier
pour le remplacer, et un juge indisposé enverra Ma-
dame siéger à sa place.

Nous tournons au vaudeville.

Les tribunaux qui ont inventé la légalisation confè-
rent au greffier un pouvoir discrétionnaire pour *sta-
tuer* sur la validité des pouvoirs.

Avant *d'inscrire une cause au rôle*, les mandataires profanes doivent présenter leurs pouvoirs au greffier.

— Monsieur, voulez-vous avoir la bonté de viser ce pouvoir?

— Il n'est pas légalisé.

— Vous ne m'apprenez rien de nouveau.

— Je n'inscris pas la cause au rôle.

— Il me semblait que vous étiez greffier pour cela cependant, et non pour poser en juge ou en législateur? Quel est l'article du Co le qui exige la légalisation?

— Est-ce que je connais le Code?

— Dans ce cas, il serait plus pratique d'aller balayer la salle des pas-perdus, ou dessiner des arabesques avec l'arrosoir.

— Je ne connais qu'une chose : les ordres du Tribunal.

— Alors, Monsieur, je vous engage à perfectionner vos études. Le greffier n'est pas un famulus; ses devoirs sont déterminés par la loi. Il doit s'y conformer. L'article 627 C. com. vous oblige à viser mes pouvoirs; c'est ce que je viens vous demander.

— Votre pouvoir n'étant pas légalisé, je le déclare non valable.

Voilà donc cet aimable greffier, à la figure fataliste, qui vient de rendre un jugement par délégation.

Il a déclaré que mon pouvoir n'était pas valable, partant qu'il est nul.

C'est fort bien, mais ce jugement ne doit être qu'en premier ressort. La question est indéterminée.

Quelle peut bien être la juridiction compétente,

pour connaître de l'appel d'un jugement rendu par le greffier du Tribunal de commerce de Toulouse ?

Récompense honnête à celui qui nous l'apprendra.

~~~~~~~~~~~~~~~~~~~~~

J'ai écrit au courant de la plume.

Je ne suis ni littérateur ni philosophe.

J'accepte donc tous les reproches relatifs à la forme.

L'étude du monopole des agréés nous a conduit à une critique vive, acerbe quelquefois, mais toujours juste et vraie, de la conduite des tribunaux qui les ont institués.

Nous aurions voulu placer la magistrature consulaire en dehors de la question des agréés.

La connexité de ces deux sujets est malheureusement inéluctable, et nous avons fait de vains efforts pour abstraire, pour les analyser séparément ; la synthèse s'est imposée.

S'il n'y avait pas de tribunaux désireux d'usurper la puissance législative et d'écarter des mandataires peu sympathiques, il n'y aurait pas d'agréés.

Il est de bon goût de critiquer un langage véhément et même certaines vivacités d'expression ; avant de se prononcer, il serait prudent de tenir compte du milieu dans lequel l'action s'agite.

Suivant l'expression pittoresque de Platon : des abeilles ne sauraient sortir de la bouche de l'innocent qui gravit les marches du bûcher.

Le père de famille, frappé dans ses moyens d'existence, condamné à subir d'odieuses exigences, a le blasphème facile.

Mais ne m'attribuez pas, Messieurs, des préoccupations de ce genre.

Je respecte dans la magistrature consulaire ce qui est respectable. J'y vénère les représentants de la loi commerciale, les délégués du suffrage de leurs concitoyens, mais je ne courberai jamais la tête devant leurs excès de pouvoir.

J'ai crié très haut que la loi était violée et la liberté professionnelle audacieusement méconnue. Je l'ai fait dans un langage dépouillé de toute précaution oratoire, c'est possible, — les mots sont la mesure des actes, — mais c'est là un acte légal, tout ce qu'il y a de plus légal, puisque c'est un acte de déférence envers la loi.

Cela dit, je dois ajouter que j'aime et vénère les juges du Tribunal de commerce de Toulouse.

Je ne saurais perdre l'occasion de les remercier des sympathies qu'ils m'ont souvent manifestées, des efforts qu'en maintes circonstances ils ont fait pour atténuer la gravité des mesures prises contre moi.

Je rends justice à leur zèle, à l'esprit de conciliation dont ils sont animés, au dévouement qu'ils apportent dans l'étude des affaires qui leur sont soumises.

Certains d'entre eux, spécialement doués, formés par une longue pratique siégent même avec talent et rendent au commerce des services que l'on ne saurait méconnaître sans injustice.

Je fonde sur eux tous de consolantes espérances.

Oui, Messieurs les membres du Tribunal, j'ai foi en votre loyauté.

Vous avez donné au monde le triste exemple d'un Tribunal foulant aux pieds les lois qu'il est chargé d'appliquer !

Accordez à vos électeurs une solennelle réparation.

Prenez une délibération, aux termes de laquelle vous déclarerez : que les privilèges ont fait leur temps, que tous les justiciables seront dorénavant égaux devant vous, et que vous n'aurez plus qu'un objectif : la loi !

Vous ajouterez ainsi une page sublime à l'histoire, déjà si belle, de la magistrature consulaire de notre antique cité palladienne.

La corporation qui a commis une erreur, et l'avoue, ne s'humilie pas, elle grandit !

Sic itur ad astra.

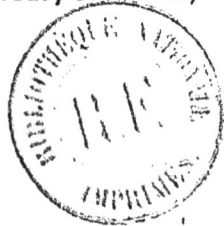

TABLE

TOULOUSE, IMPRIMERIE VIALELLE ET Cⁱᵉ, RUE DU LYCÉE 9

OUVRAGES A CONSULTER :

Le Droit de défense devant les Tribunaux de commerce, par M. Gustave Cruchon, avocat à la Cour d'appel de Bordeaux ; brochure in-8. 2ᵉ édit.

Les Légalisations des actes privés, br. in-8, par le même.

L'Usurpation de la puissance législative par quelques Tribunaux de commerce, brochure in-8, par le même.

Responsabilité des Greffiers, brochure in-8, par le même.

Le Monopole illégal des Agréés, par Léonel Oudin ; Paris.

Notes relatives à un Pourvoi en cassation formé par le sieur Janin, par le même.

www.ingramcontent.com/pod-product-compliance
Lightning Source LLC
Chambersburg PA
CBHW030930220326
41521CB00039B/1826